Impressum
Verlag: BABADADA GmbH, Nedderfeld 112 , 22529 Hamburg
Geschäftsführer / Verlagsleitung: Harald Hof
Druck: Books on Demand GmbH, In de Tarpen 42, 22848 Norderstedt

Imprint
Publisher: BABADADA GmbH, Nedderfeld 112 , 22529 Hamburg, Germany
Managing Director / Publishing direction: Harald Hof
Print: Books on Demand GmbH, In de Tarpen 42, 22848 Norderstedt

l'école

escola

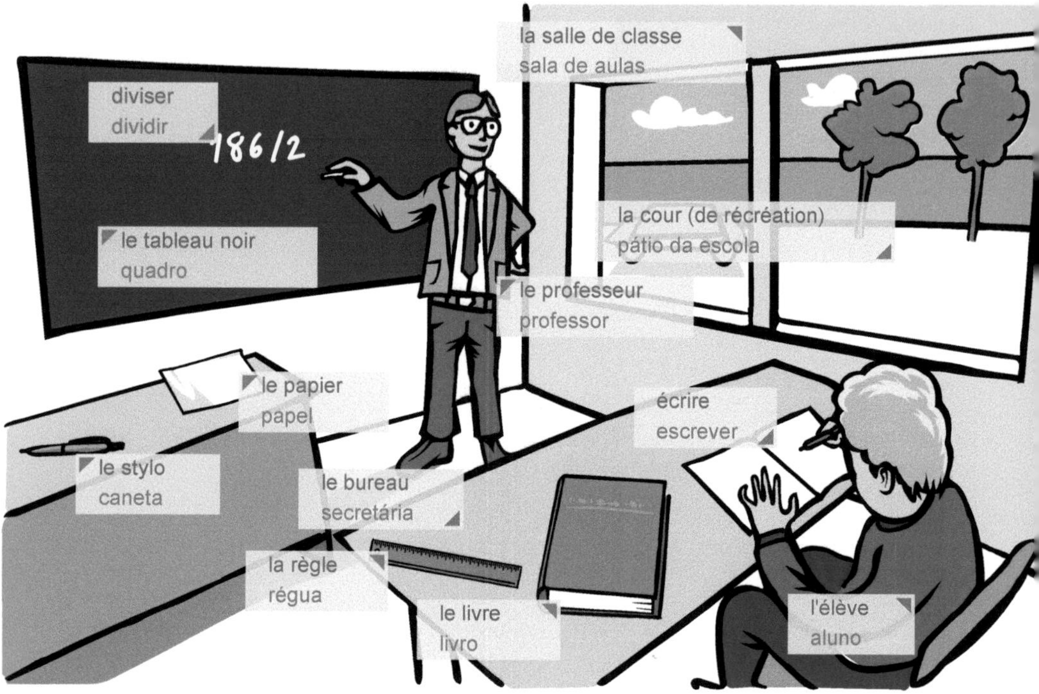
la salle de classe
sala de aulas
diviser
dividir
186/2
le tableau noir
quadro
la cour (de récréation)
pátio da escola
le professeur
professor
le papier
papel
écrire
escrever
le stylo
caneta
le bureau
secretária
la règle
régua
le livre
livro
l'élève
aluno

le cartable

mochila

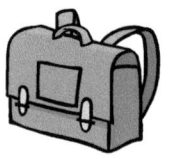

la trousse

estojo de lápis

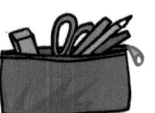

le crayon

lápis

le taille-crayon

afia-lápis

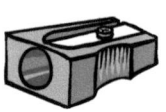

la gomme

borracha

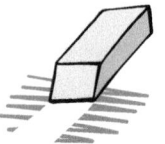

le carnet à dessin

bloco de desenho

le dessin
desenho

le pinceau
pincel

la boîte de peinture
caixa de tintas

les ciseaux
tesoura

la colle
cola

le cahier d'exercices
livro de exercícios

les devoirs
trabalhos de casa

le chiffre
número

additionner
somar

soustraire
subtrair

multiplier
multiplicar

calculer
calcular

la lettre
letra

l'alphabet
alfabeto

le mot
palavra

le texte

texto

lire

ler

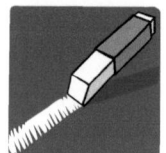

la craie

giz

la leçon

hora

le livre de classe

registo de presenças

l'examen

exame

le certificat

certificado

l'uniforme scolaire

uniforme escolar

la formation

educação

le lexique

enciclopédia

l'université

universidade

le microscope

microscópio

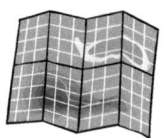

la carte

mapa

la corbeille à papier

cesto de lixo

le voyage
viagem

l'hôtel
hotel
Grand
l'auberge
hostel
ROOMS
CHANGE
le bureau de change
casa de câmbio
la valise
mala
la voiture
carro

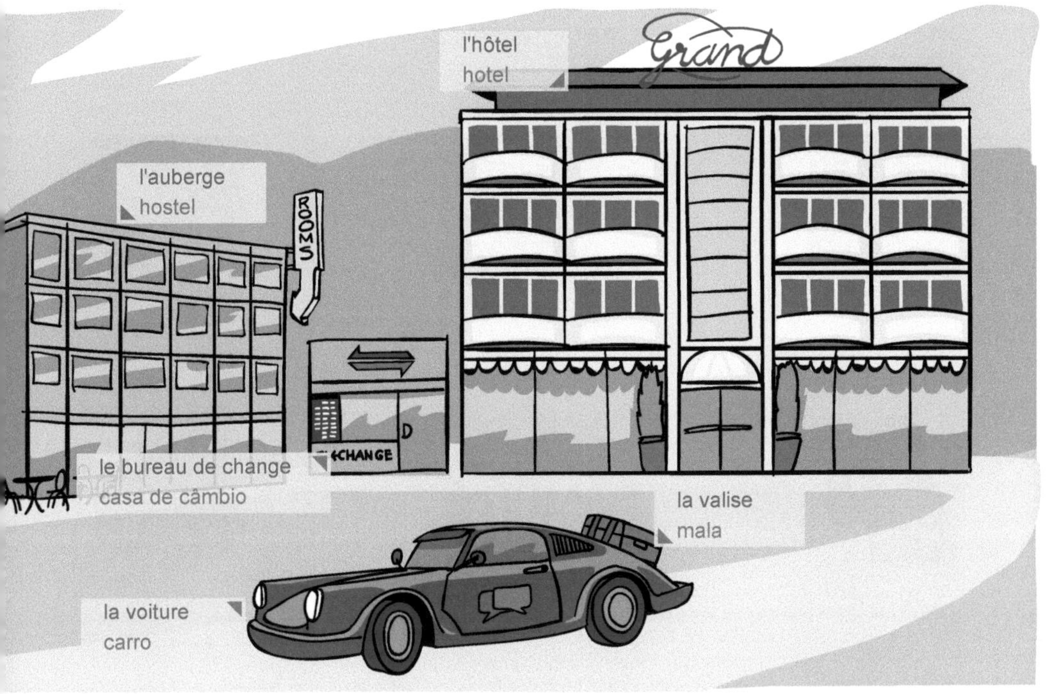

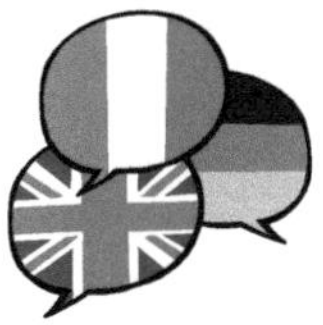

la langue

idioma

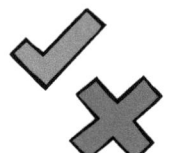

oui / non

sim / não

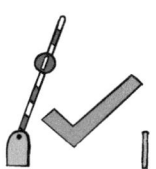

d'accord

ok / certo / correto

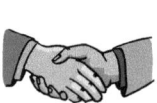

Salut

olá

l'interprète

intérprete

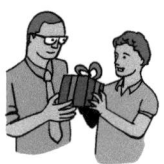

merci

obrigado

Combien coûte...?

quanto é que custa... ?

Je ne comprends pas

não entendo

le problème

problema

Bonsoir !

boa noite!

Bonjour !

Bom dia!

Bonne nuit !

Boa noite!

Au revoir

adeus

la direction

direção

les bagages

bagagem

le sac

saco

le sac-à-dos

mochila

l'hôte

convidado

la pièce

quarto

le sac de couchage

saco-cama

la tente

tenda

l'office de tourisme

informação turística

la plage

praia

la carte de crédit

cartão de crédito

le petit-déjeuner

pequeno-almoço

le déjeuner

almoço

le dîner

jantar

le billet

bilhete

l'ascenseur

elevador

le timbre

selo postal

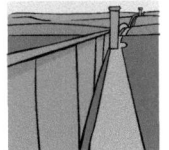

la frontière

fronteira

la douane

alfândega

l'ambassade

embaixada

le visa

visto

le passeport

passaporte

le transport

transporte

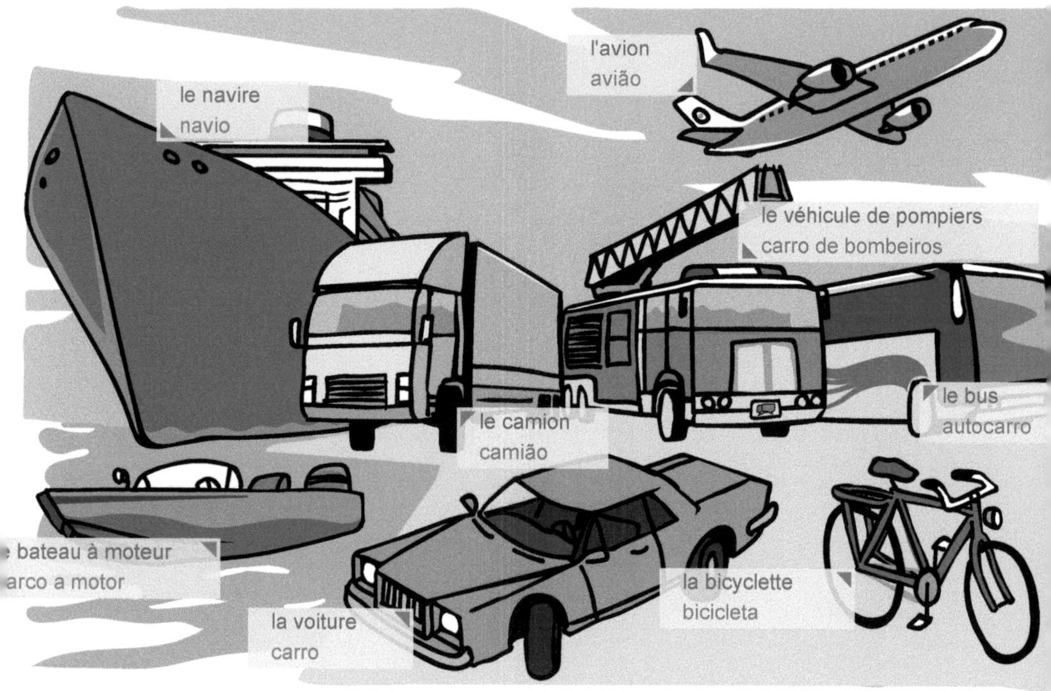

l'avion
avião

le navire
navio

le véhicule de pompiers
carro de bombeiros

le camion
camião

le bus
autocarro

le bateau à moteur
barco a motor

la bicyclette
bicicleta

la voiture
carro

le ferry

cacilheiro

la barque

barco

la moto

mota

la voiture de police

carro de polícia

la voiture de course

carro de corrida

la voiture de location

carro alugado

l'auto-partage

carsharing

la voiture de remorquage

camião de reboque

la benne à ordures

camião do lixo

le moteur

motor

l'essence

combustível

la station d'essence

estação de serviço

le panneau indicateur

sinal de trânsito

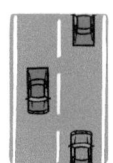

le trafic

trânsito

l'embouteillage

congestionamento de trânsito

le parking

arque de estacionamento

la gare

estação ferroviária

les rails

carris

le train

comboio

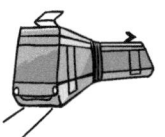

le tramway

elétrico

le wagon

carruagem

l'hélicoptère

helicóptero

l'aéroport

aeroporto

la tour

torre

le passager

passageiro

le conteneur

contentor

le carton

caixa de papelão

le chariot

carrinho

la corbeille

cesto

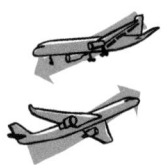

décoller / atterrir

levantar voo / aterrar

la ville

cidade

le village

aldeia

le centre-ville

centro da cidade

la maison

casa

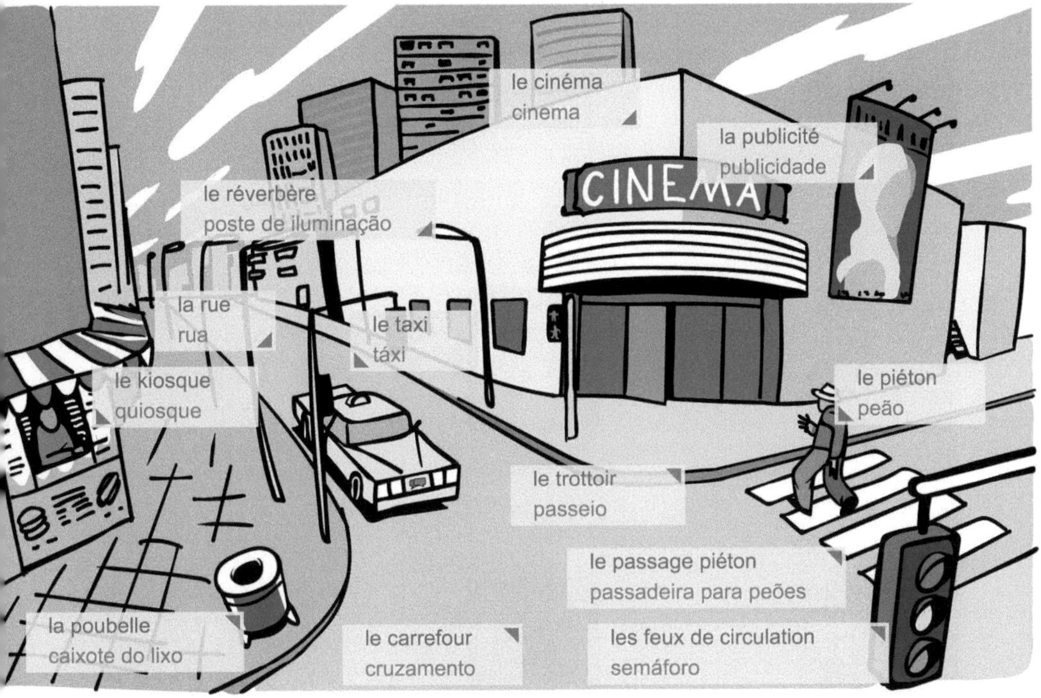

le cinéma
cinema

la publicité
publicidade

le réverbère
poste de iluminação

CINEMA

la rue
rua

le taxi
táxi

le kiosque
quiosque

le piéton
peão

le trottoir
passeio

le passage piéton
passadeira para peões

la poubelle
caixote do lixo

le carrefour
cruzamento

les feux de circulation
semáforo

la cabane
cabana

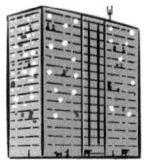

l'appartement
apartamento

la gare
estação ferroviária

la mairie
câmara municipal

le musée
museu

l'école
escola

la ville - cidade

l'université

universidade

la banque

banco

l'hôpital

hospital

l'hôtel

hotel

la pharmacie

farmácia

le bureau

escritório

la librairie

livraria

le magasin

loja

le fleuriste

florista

le supermarché

supermercado

le marché

mercado

le grand magasin

loja de departamentos

la poissonnerie

peixaria

le centre commercial

centro comercial

le port

porto

le parc

parque

la banque

banco

le pont

ponte

les escaliers

escadas

le métro

metro

le tunnel

túnel

l'arrêt de bus

paragem de autocarro

le bar

bar

le restaurant

restaurante

la boîte à lettres

caixa de correio

le panneau indicateur

sinal de trânsito

le parcmètre

parquímetro

le zoo

jardim zoológico

le réverbère

piscina

la mosquée

mesquita

la ferme

quinta

la pollution

poluição

la cimetière

cemitério

l'église

igreja

l'aire de jeux

parque infantil

le temple

templo

le paysage
paisagem

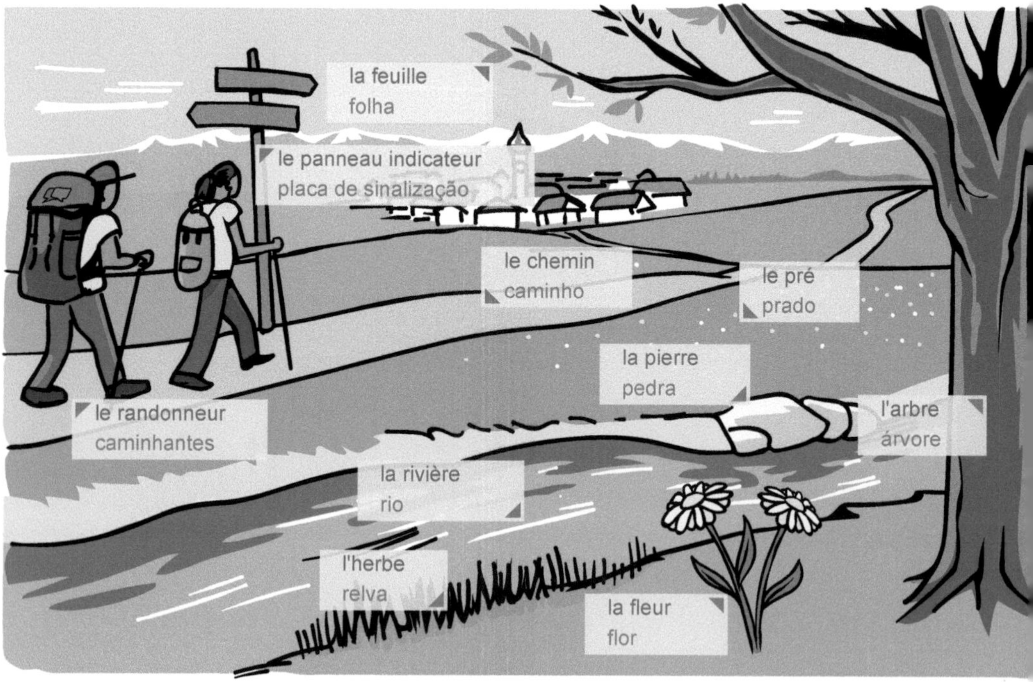

la feuille
folha

le panneau indicateur
placa de sinalização

le chemin
caminho

le pré
prado

la pierre
pedra

l'arbre
árvore

le randonneur
caminhantes

la rivière
rio

l'herbe
relva

la fleur
flor

la vallée
vale

la montagne
montanha

le lac
lago

la forêt
floresta

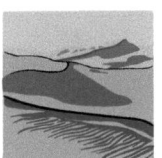

le désert
deserto

le volcan
vulcão

le château
castelo

l'arc-en-ciel
arco-íris

le champignon
cogumelo

le palmier
palma

le moustique
mosquito

la mouche
mosca

les fourmis
formiga

l'abeille
abelha

l'araignée
aranha

le paysage - paisagem

le coléoptère

besouro

la grenouille

sapo

l'écureuil

esquilo

le hérisson

ouriço

le lièvre

lebre

la chouette

coruja

l'oiseau

pássaro

le cygne

cisne

le sanglier

javali

le cerf

veado

l'élan

alce

le barrage

barragem

l'éolienne

turbina eólica

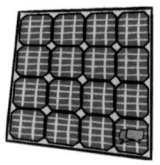

le panneau solaire

painel solar

le climat

clima

le restaurant
restaurante

le serveur
empregado de mesa
le menu
menu
la chaise
cadeira
la soupe
sopa
la pizza
pizza
les couverts
talheres
la nappe
toalha de mesa

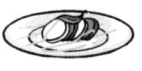

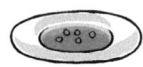

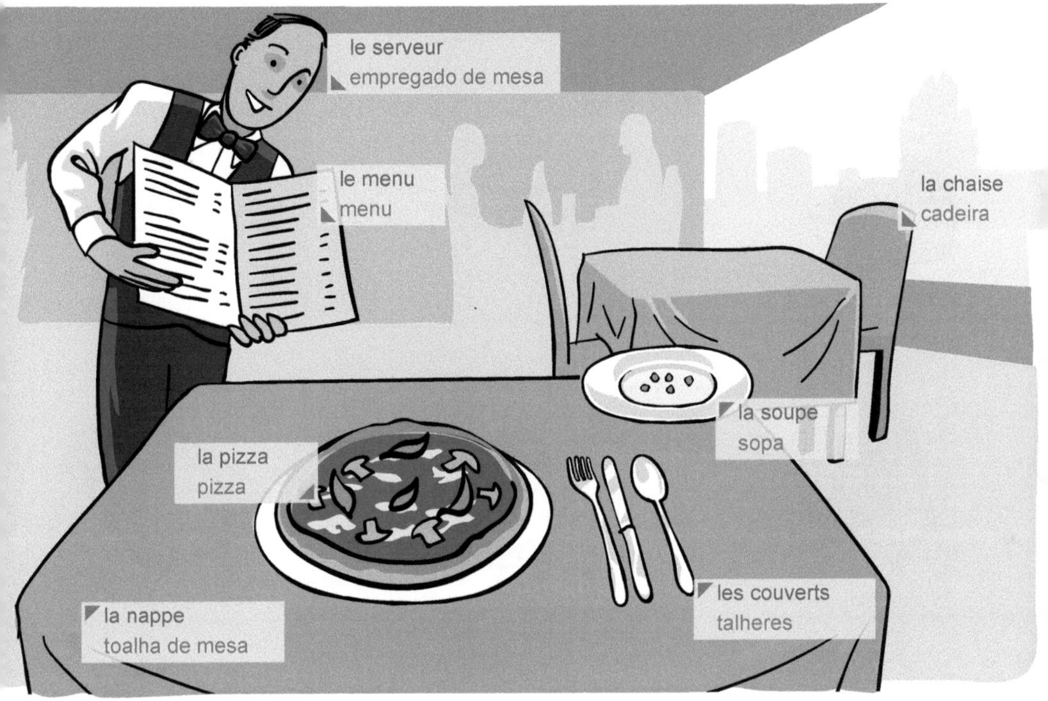

les hors d'œuvre

entrada

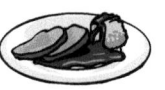

le plat principal

prato principal

le dessert

sobremesa

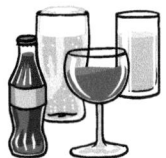

les boissons

bebidas

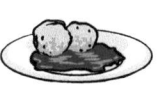

l'alimentation

comida

la bouteille

garrafa

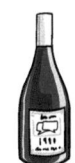

le fast-food

fast food

les plats à emporter

comida de rua

la théière

bule de chá

le sucrier

açucareiro

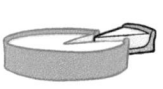

la portion

porção

la machine à expresso

máquina de café expresso

la chaise haute

cadeira alta

la facture

conta

le plateau

bandeja

le couteau

faca

la fourchette

garfo

la cuillère

colher

la cuillère à thé

colher de chá

la serviette

guardanapo

le verre

copo

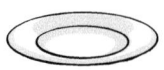

l'assiette

prato

l'assiette à soupe

prato de sopa

la soucoupe

pires

la sauce

molho

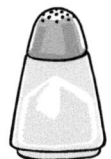

la salière

saleiro

le moulin à poivre

moinho de pimenta

le vinaigre

vinagre

l'huile

óleo

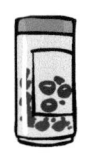

les épices

especiarias

le ketchup

ketchup

la moutarde

mostarda

la mayonnaise

maionese

le supermarché

supermercado

l'offre promotionnelle
oferta especial
FOR
le client
cliente
les produits laitiers
laticínios
les fruits
fruta
le chariot
carrinho de compras

BUTCHERS

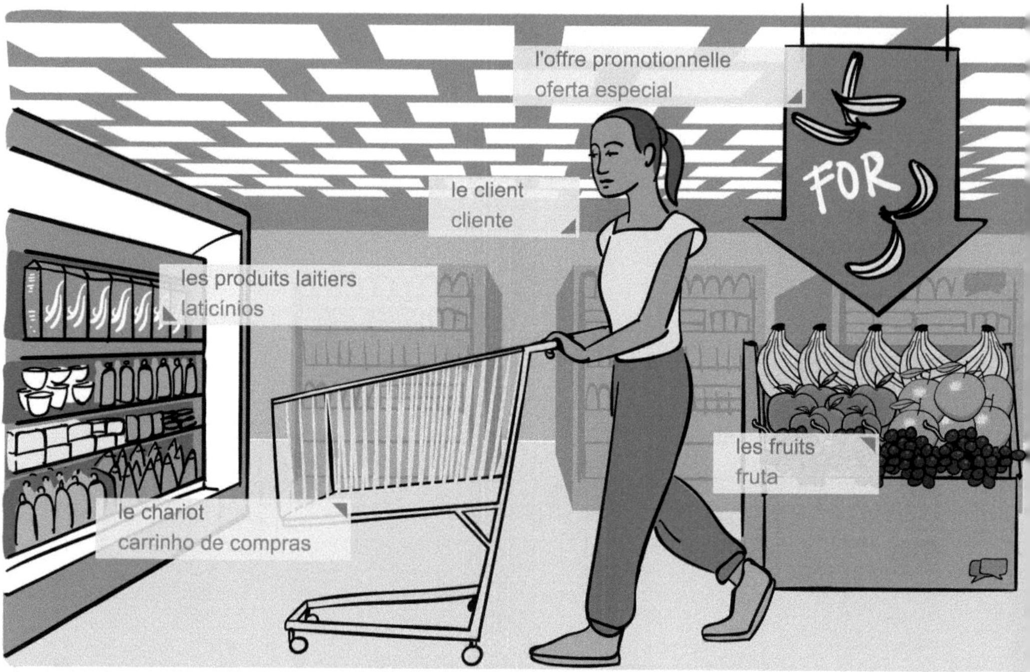

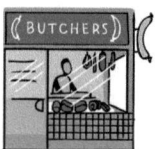

la boucherie

talho

BAKERY

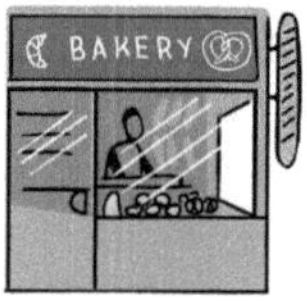

la boulangerie

padaria

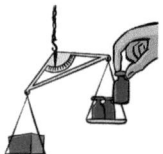

peser

pesar

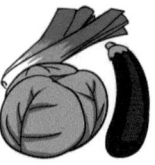

les légumes

vegetais

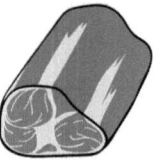

la viande

carne

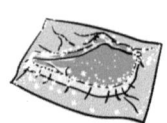

les aliments surgelés

alimentos congelados

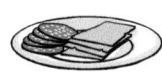

la charcuterie

charcutaria

les conserves

comida enlatada

la poudre à lessive

detergente em pó

les bonbons

doces

les articles ménagers

artigos domésticos

les détergents

produtos de limpeza

la vendeuse

vendedora

la caisse

caixa

le caissier

caixa

la liste d'achats

lista de compras

les heures d'ouverture

horário de funcionamento

le portefeuille

carteira

la carte de crédit

cartão de crédito

le sac

saco

le sac en plastique

saco de plástico

bebidas

l'eau

água

le jus de fruit

sumo

le lait

leite

le coca

coca-cola

le vin

vinho

la bière

cerveja

l'alcool

álcool

le chocolat chaud

cacau

le thé

chá

le café

café

l'expresso

café expresso

le cappuccino

capuccino

la banane

banana

la pomme

maçã

l'orange

laranja

le melon

melão

le citron.

limão

la carotte

cenoura

l'ail

alho

le bambou

bambu

l'oignon

cebola

le champignon

cogumelo

les noisettes

nozes

les pâtes

talharim

les spaghetti

esparguete

le riz

arroz

la salade

salada

les pommes frites

batatas fritas

les pommes de terre rôties

batatas fritas

la pizza

pizza

le hamburger

hambúrguer

le sandwich

sanduíche

l'escalope

bife panado

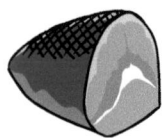

le jambon

fiambre

le salami

salame

la saucisse

salsicha

le poulet

galinha

le rôti

assado

le poisson

peixe

les flocons d'avoine

flocos de aveia

le muesli

muesli

les cornflakes

flocos de milho

la farine

farinha

le croissant

croissant

les petits-pains

carcaça (pãozinho)

le pain

pão

le pain grillé

torrada

les biscuits

biscoitos

le beurre

manteiga

le fromage blanc

requeijão

le gâteau

bolo

l'œuf

ovo

l'œuf au plat

ovo estrelado

le fromage

queijo

la glace

gelado

le sucre

açúcar

le miel

mel

la confiture

compota

la crème nougat

creme de nougat

le curry

caril

la ferme
quinta

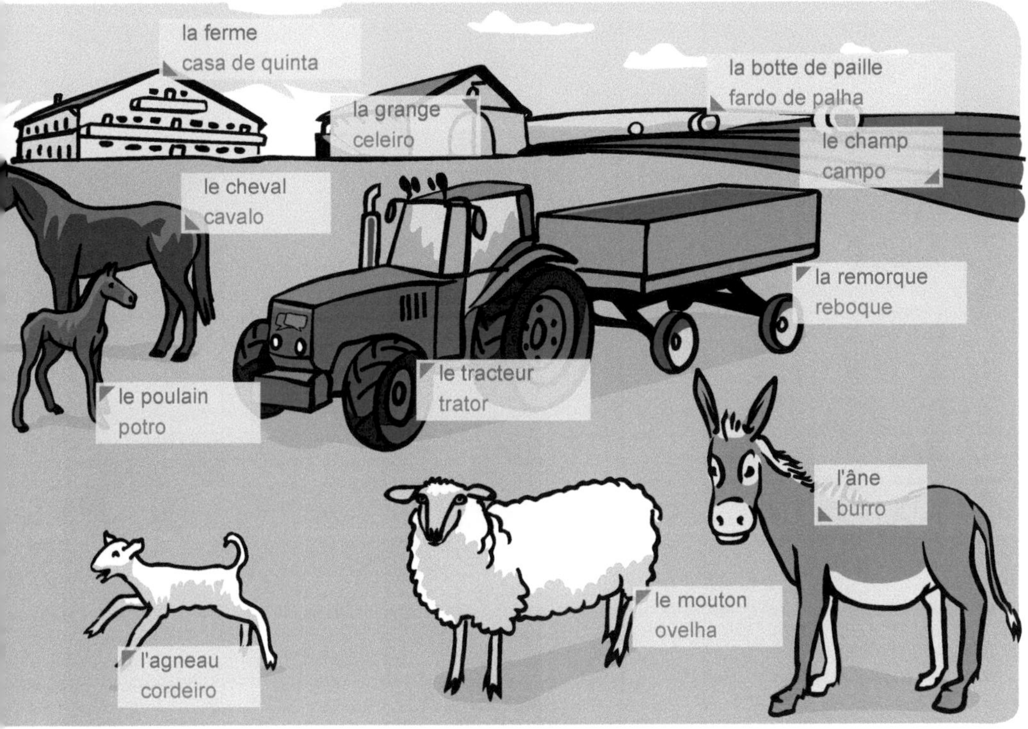
la ferme
casa de quinta
la grange
celeiro
la botte de paille
fardo de palha
le champ
campo
le cheval
cavalo
la remorque
reboque
le tracteur
trator
le poulain
potro
l'âne
burro
le mouton
ovelha
l'agneau
cordeiro

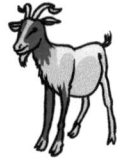

la chèvre

cabra

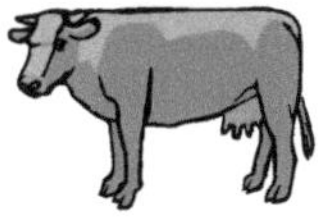

la vache

vaca

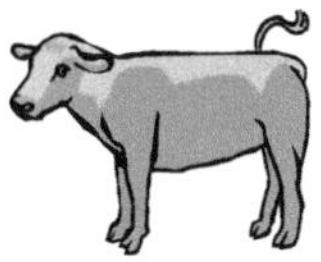

le veau

bezerro

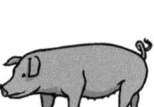

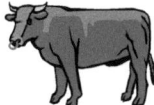

le porc

porco

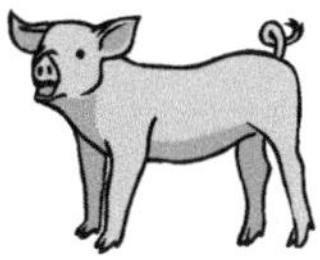

le porcelet

leitão

le taureau

touro

l'oie

ganso

le canard

pato

le poussin

pintaínho

la poule

galinha

le coq

galo

le rat

ratazana

le chat

gato

la souris

rato

le bœuf

boi

le chien

cão

le chenil

casota

le tuyau de jardin

mangueira de jardim

l'arrosoir

regador

la faucheuse

foice

la charrue

arado

la faucille
foice

la pioche
enxada

la fourche
forquilha

la hache
machado

la brouette
carrinho de mão

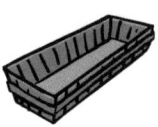

la cuve
manjedoura

le pot à lait
jarro de leite

le sac
saco

la clôture
cerca

l'étable
estábulo

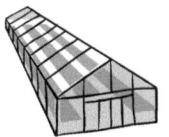

le serre
estufa

le sol
solo

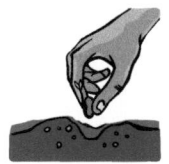

les semences
semente

l'engrais
fertilizante

la moissonneuse-batteuse
ceifeira-debulhadora

récolter
colher

la récolte
colheita

l'igname
inhame

le blé
trigo

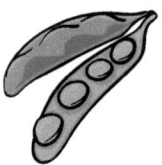

le soja
soja

la pomme de terre
batata

le maïs
milho

le colza
colza

l'arbre fruitier
árvore de fruto

le manioc
mandioca

les céréales
cereais

la maison

casa

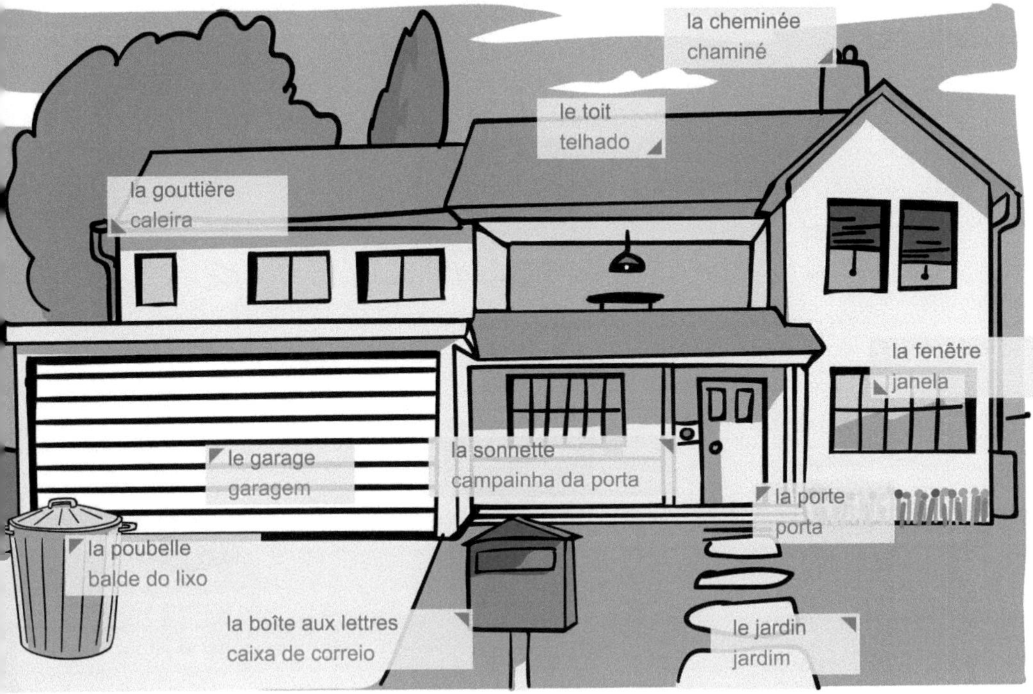

la cheminée
chaminé
le toit
telhado
la gouttière
caleira
la fenêtre
janela
le garage
garagem
la sonnette
campainha da porta
la porte
porta
la poubelle
balde do lixo
la boîte aux lettres
caixa de correio
le jardin
jardim

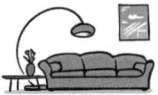

le salon
sala de estar

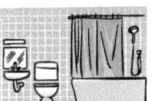

la salle de bain
casa de banho

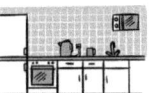

la cuisine
cozinha

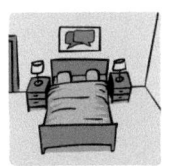

la chambre à coucher
quarto de dormir

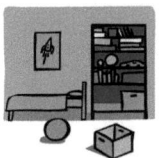

la chambre d'enfant
quarto de criança

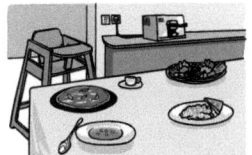

la salle à manger
sala de jantar

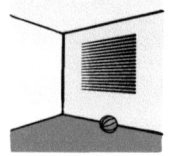	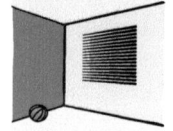	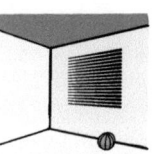
le sol chão	le mur parede	le plafond teto
		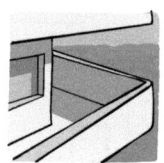
la cave cave	le sauna sauna	le balcon varanda
	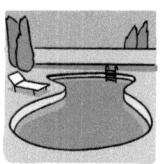	
la terrasse terraço	la piscine piscina	la tondeuse à gazon máquina de cortar relvado
		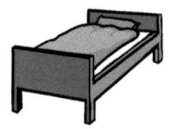
la housse lençol	la couette cobertor	le lit cama

le balai vassoura	le sceau balde	l'interrupteur interruptor

le salon
sala de estar

le papier peint
papel de parede
l'image
imagem
la lampe
lâmpada
l'étagère
prateleira
l'armoire
armário
la télé
televisão
la cheminée
lareira
la fleur
flor
le coussin
almofada
le sofa
sofá
le vase
vaso
la télécommande
controlo remoto

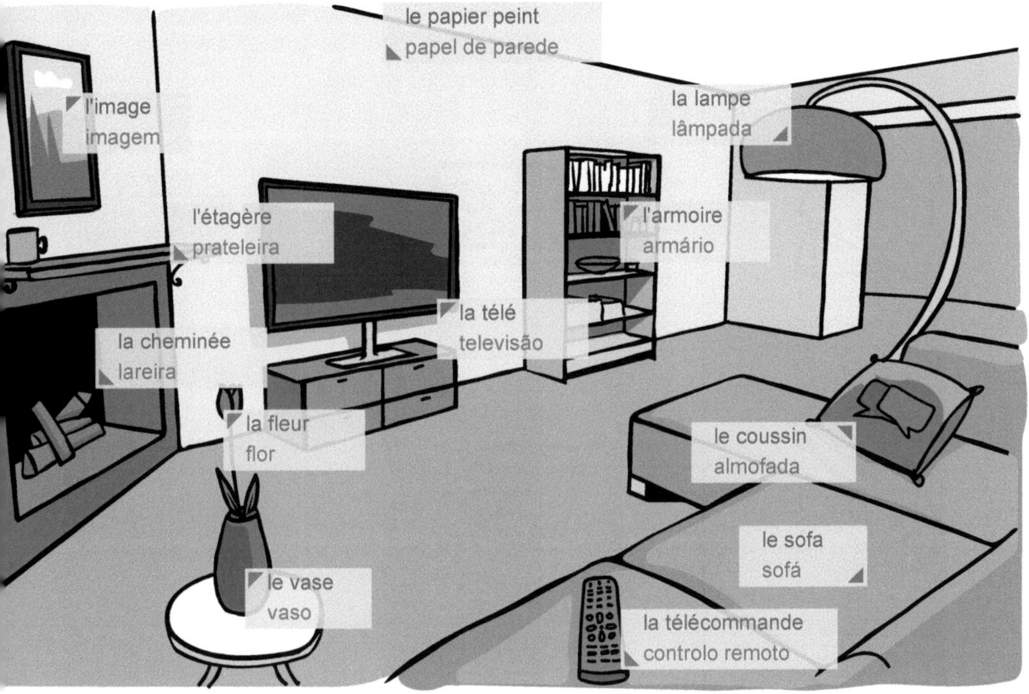

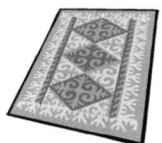

le tapis

tapete

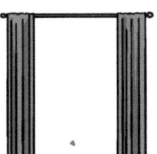

le rideau

cortina

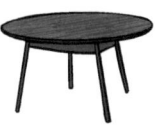

la table

mesa

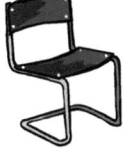

la chaise

cadeira

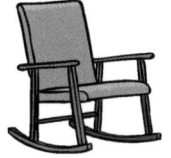

la chaise à bascule

cadeira de baloiço

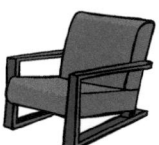

le fauteuil

poltrona

le livre

livro

la couverture

cobertor

la décoration

decoração

le bois de chauffage

lenha

le film

filme

la chaîne hi-fi

sistema estéreo

la clé

chave

le journal

jornal

la peinture

pintura

le poster

póster

la radio

rádio

le bloc-notes

bloco de notas

l'aspirateur

aspirador

le cactus

cato

la bougie

vela

la cuisine
cozinha

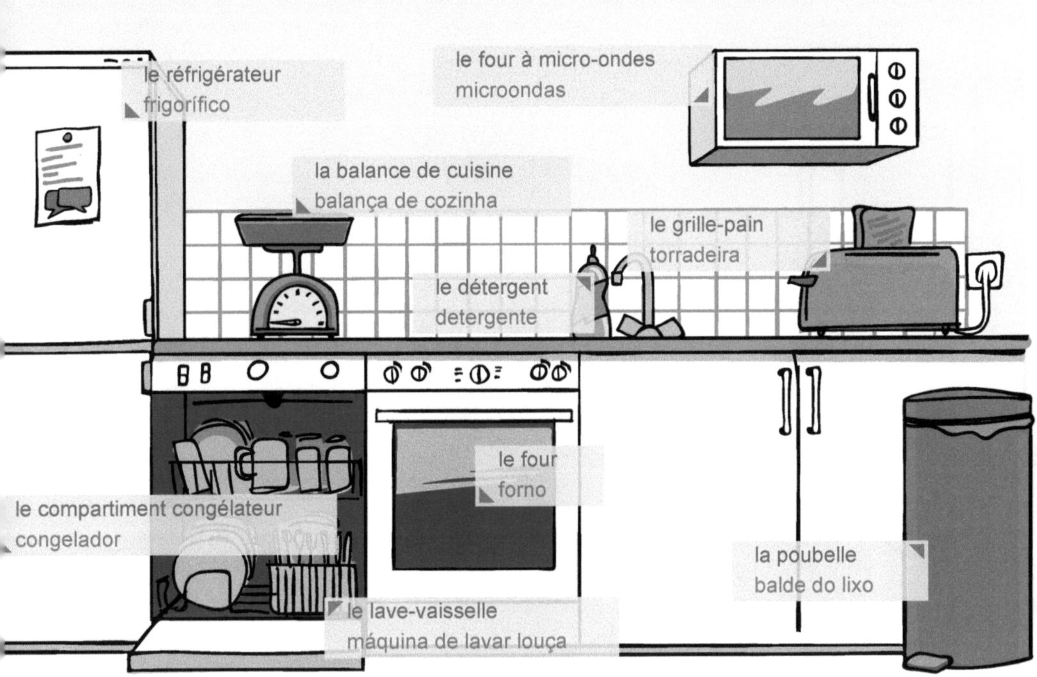

le réfrigérateur
frigorífico
le four à micro-ondes
microondas
la balance de cuisine
balança de cozinha
le grille-pain
torradeira
le détergent
detergente
le four
forno
le compartiment congélateur
congelador
la poubelle
balde do lixo
le lave-vaisselle
máquina de lavar louça

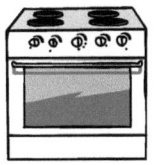

le four
fogão

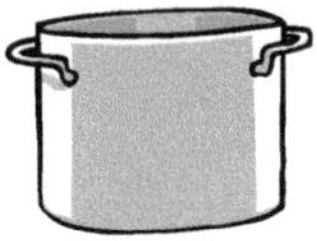

la casserole
panela

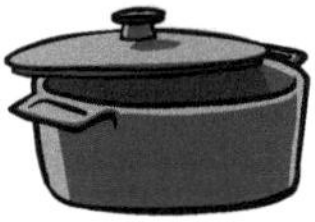

la marmite
panela de ferro

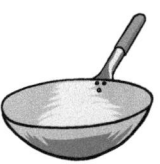

le wok / kadai
wok / kadai

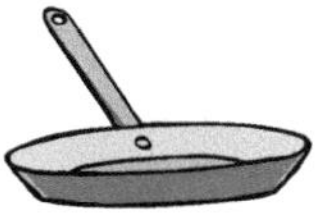

la poêle
frigideira

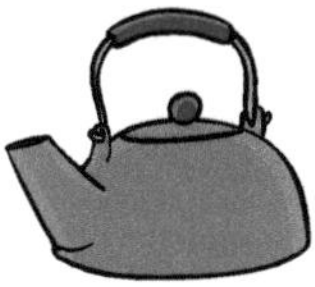

la bouilloire electrique
chaleira

le cuiseur vapeur

panela a vapor

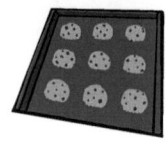

la plaque de cuisson

tabuleiro de forno

la vaisselle

louça

le gobelet

caneca

la coupe

tigela

les baguettes

pauzinhos

la louche

concha de sopa

la spatule

espátula

le fouet

batedor de claras

la passoire

escorredor

le tamis

peneira

la râpe

ralador

le mortier

almofariz

le barbecue

churrasqueira

la cheminée

lareira

la planche à découper

tábua de cortar

le rouleau à pâtisserie

rolo da massa

le tire-bouchon

saca-rolhas

la boîte

lata

l'ouvre-boîte

abridor de latas

les maniques

luvas de forno

le lavabo

lava-loiça

la brosse

escova

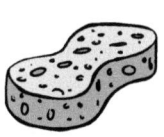

l'éponge

esponja

le mixeur

liquidificador

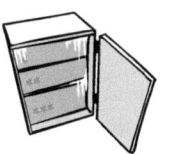

le congélateur

arca frigorífica

le biberon

biberão

le robinet

torneira

la salle de bain

casa de banho

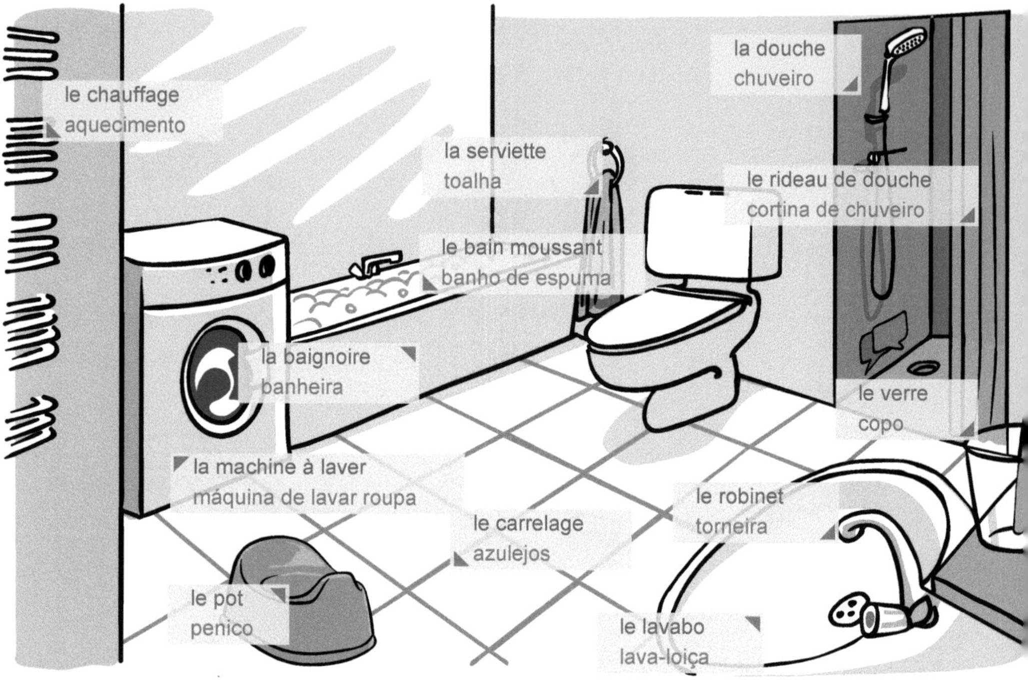

la douche
chuveiro
le chauffage
aquecimento
la serviette
toalha
le rideau de douche
cortina de chuveiro
le bain moussant
banho de espuma
la baignoire
banheira
le verre
copo
la machine à laver
máquina de lavar roupa
le robinet
torneira
le carrelage
azulejos
le pot
penico
le lavabo
lava-loiça

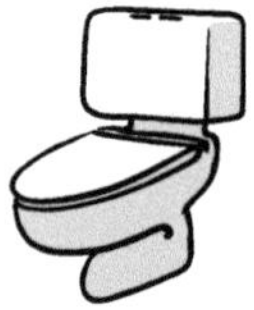

les toilettes

sanita

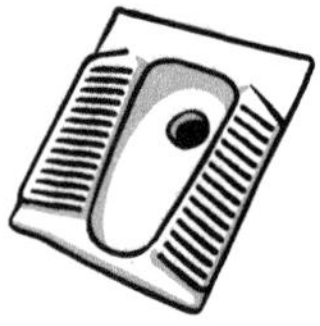

la toilette à la turque

retrete turca

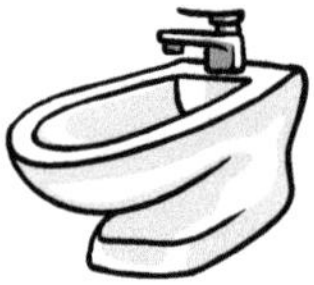

le bidet

bidé

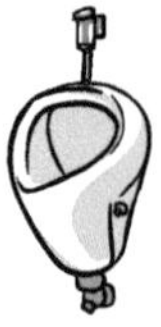

l'urinoir

urinol

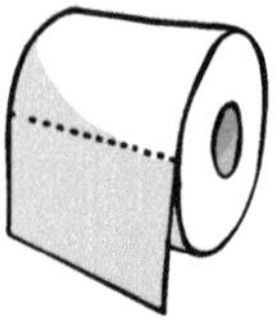

le papier toilette

papel higiénico

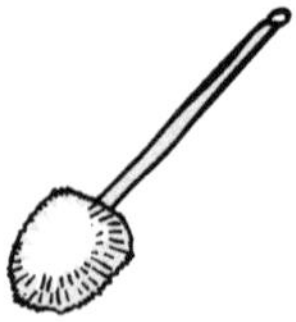

la brosse à toilette

piaçaba

la brosse à dents

escova de dentes

le dentifrice

pasta de dentes

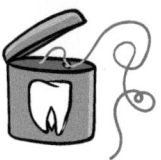

le fil dentaire

fio dentário

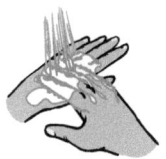

laver

lavar

la douche manuelle

chuveiro de mão

la douche intime

duche íntimo

la vasque

bacia

la brosse dorsale

escova para as costas

le savon

sabonete

le gel douche

gel de banho

le shampooing

champô

le gant de toilette

toalha de rosto

l'écoulement

escoamento

la crème

creme

le déodorant

desodorizante

le miroir

espelho

le miroir cosmétique

espelho de mão

le rasoir

máquina de barbear

la mousse à raser

creme de barbear

l'après-rasage

loção pós-barba

la peigne

pente

la brosse

escova

le sèche-cheveux

secador de cabelo

la laque pour cheveux

spray de cabelo

le fond de teint

maquilhagem

le rouge à lèvres

batom

le vernis à ongles

verniz de unhas

l'ouate

algodão

le coupe-ongles

tesoura para unhas

le parfum

perfume

la trousse de toilette

nécessaire

le tabouret

tamborete

le pèse-personne

balança

le peignoir

roupão de banho

les gants de nettoyage

luvas de borracha

le tampon

tampão

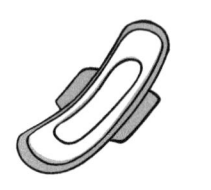

s serviettes hygiéniques

penso higiénico

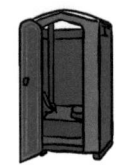

la toilette chimique

WC químico

la chambre d'enfant
quarto de criança

le réveil
despertador
le doudou
peluche
la voiture jouet
carro de brincar
le hochet
chocalho
la maison de poupée
casa de bonecas
le cadeau
presente

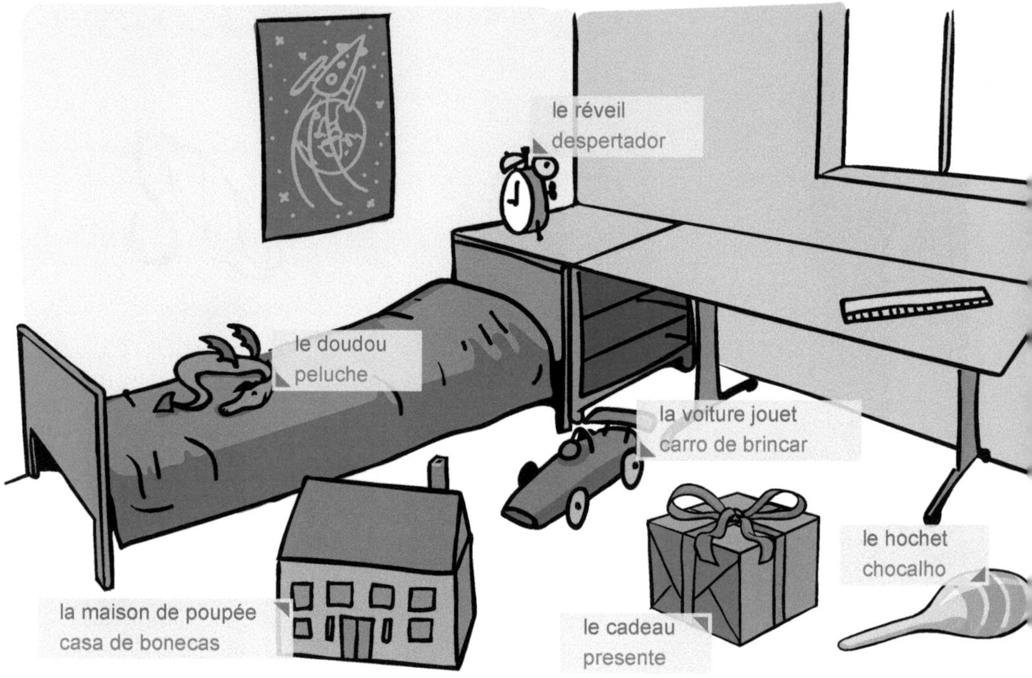

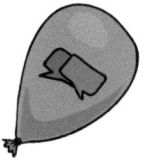

le ballon

balão

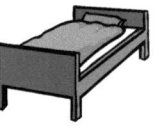

le lit

cama

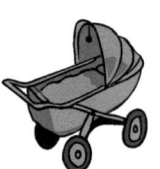

la poussette

carrinho de bebé

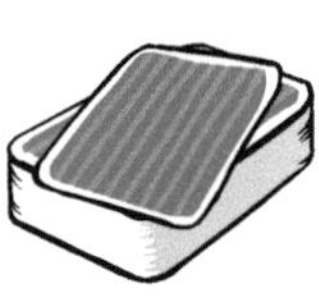

le jeu de cartes

jogo de cartas

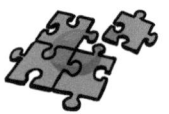

le puzzle

quebra-cabeças

SUPER
MEGA

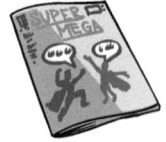

la bande dessinée

banda desenhada

les pièces lego

peças de Lego

les blocs de construction

blocos de construção

la figurine

figura de ação

la grenouillère

fato de bebé

le frisbee

Frisbee

le mobile

móbile para bebé

le jeu de société

jogo de tabuleiro

le dé

dados

le train miniature

pista de comboio elétrico

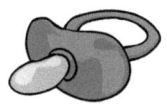

la sucette

chupeta

la fête

festa

le livre d'images

livro ilustrado

la balle

bola

la poupée

boneca

jouer

jogar

le bac à sable

caixa de areia

la balançoire

baloiço

les jouets

brinquedos

la console de jeu

consola de jogos

le tricycle

triciclo

l'ours en peluche

ursinho de peluche

l'armoire

guarda-roupa

les vêtements

vestuário

les chaussettes

meias

les bas

meias pelo joelho

le collant

meias-calças

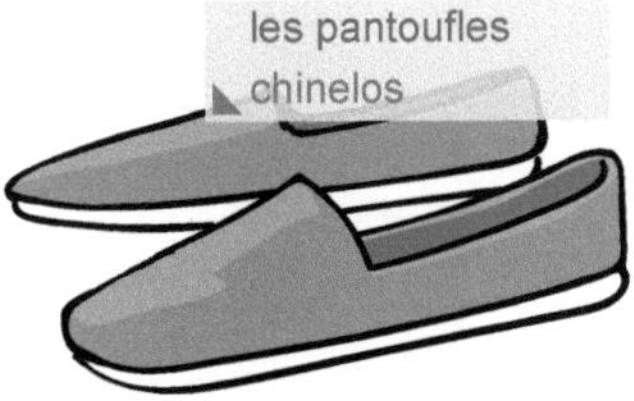

l'écharpe
cachecol

le parapluie
guarda-chuva

le t-shirt
t-shirt

la ceinture
cinto

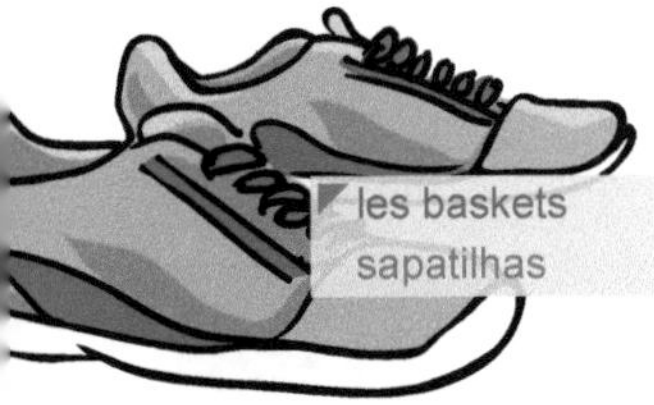

les bottes
botas

les pantoufles
chinelos

les baskets
sapatilhas

les sandales
....
sandálias

les chaussures
....
sapatos

les bottes de caoutchouc
....
botas de borracha

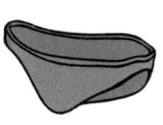

les sous-vêtements
....
cuecas

le soutien-gorge
....
sutiã

le maillot de corps
....
camisola interior

le body

body

le pantalon

calças

le jean

calças de ganga

la jupe

saia

le chemisier

blusa

la chemise

camisa

le pull

pulôver

le sweat à capuche

camisola com capuz

la veste

blazer

la veste

casaco

le manteau

manto

l'imperméable

gabardina

le costume

traje

la robe

vestido

la robe de mariée

vestido de casamento

le costume
....
fato

la chemise de nuit
....
camisa de dormir

le pyjama
....
pijama

le sari
....
sari

le foulard
....
lenço de cabeça

le turban
....
turbante

la burqa
....
burca

le caftan
....
cafetã

l'abaya
....
abaya

le maillot de bain
....
fato de banho

le maillot de bain
....
calções de banho

le short
....
calções

la tenue d'entraînement
....
fato de treino

le tablier
....
avental

les gants
....
luvas

le bouton

botão

les lunettes

óculos

le bracelet

pulseira

le collier

colar

la bague

anel

la boucle d'oreille

brinco

le bonnet

boné

le cintre

cabide

le chapeau

chapéu

la cravate

gravata

la fermeture éclair

fecho de correr

le casque

capacete

les bretelles

suspensórios

l'uniforme scolaire

uniforme escolar

l'uniforme

uniforme

le bavoir

babete

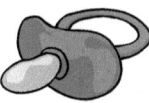

la sucette

chupeta

la lange

fralda

le bureau
escritório

le serveur
servidor

l'armoire d'archivage
armário de arquivo

l'imprimante
impressora

l'écran
ecrã

e papier
apel

la souris
rato

le bureau
secretária

le classeur
pasta

le clavier
teclado

la corbeille à papier
cesto de lixo

l'ordinateur
computador

la chaise
cadeira

la tasse de café

caneca de café

la calculatrice

calculadora

l'internet

internet

l'ordinateur portable

computador portátil

la lettre

carta

le message

mensagem

le portable

telemóvel

le réseau

rede

la photocopieuse

fotocopiadora

le logiciel

software

le téléphone

telefone

la prise

tomada elétrica

le fax

fax

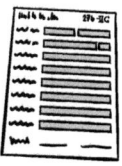

le formulaire

formulário

le document

documento

acheter

comprar

payer

pagar

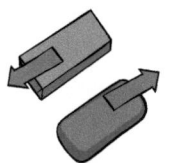

faire du commerce

negociar

la monnaie

dinheiro

 **USD**

le dollar

dólar

 **EUR**

l'euro

euro

 **JPY**

le yen

yen

 **RUB**

le rouble

rublo

 **CHF**

le franc suisse

franco suíço

 **CNY**

le renminbi yuan

renminbi yuan

 **INR**

la roupie

rupia

le distributeur automatique

caixa de multibanco

le bureau de change

casa de câmbio

l'or

ouro

l'argent

prata

le pétrole

petróleo

l'énergie

energia

le prix

preço

le contrat

contrato

la taxe

imposto

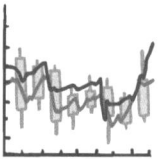

l'action

ação

travailler

trabalhar

l'employé

empregado

l'employeur

entidade patronal

l'usine

fábrica

le magasin

loja

les professions

profissões

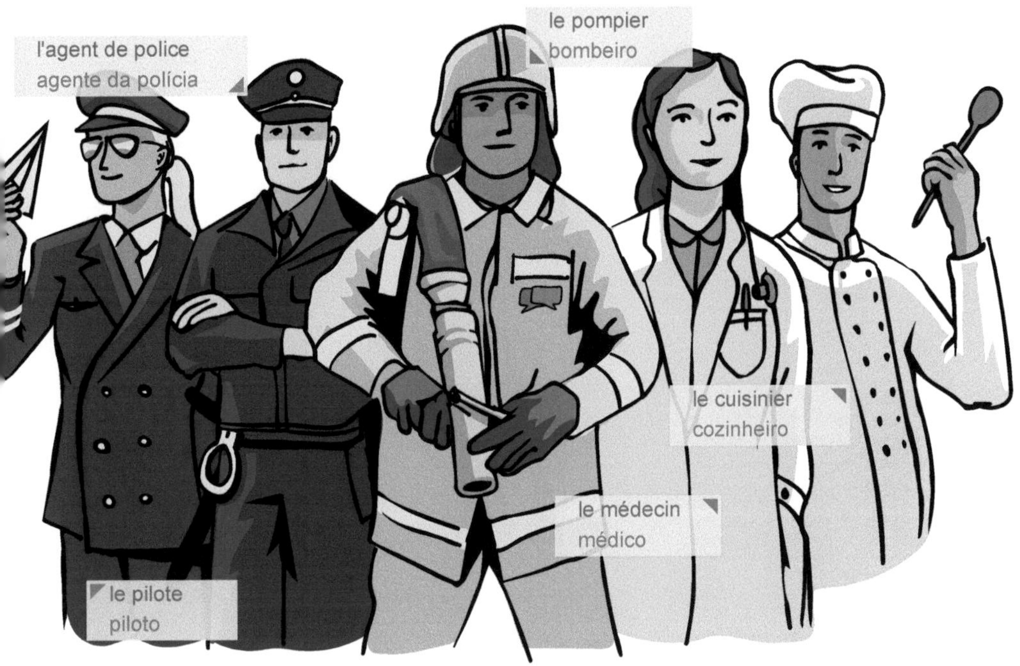
l'agent de police
agente da polícia
le pompier
bombeiro
le cuisinier
cozinheiro
le médecin
médico
le pilote
piloto

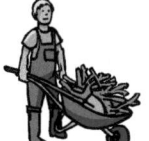

le jardinier

jardineiro

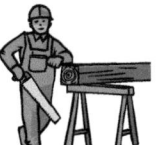

le menuisier

carpinteiro

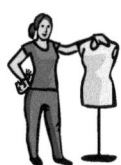

la couturière

costureira

le juge

juiz

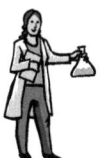

le chimiste

químico

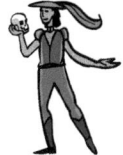

l'acteur

ator

le conducteur de bus

motorista de autocarro

le chauffeur de taxi

motorista de táxi

le pêcheur

pescador

la femme de ménage

empregada de limpeza

le couvreur

telhador

le serveur

empregado de mesa

le chasseur

caçador

le peintre

pintor

le boulanger

padeiro

l'électricien

eletricista

l'ouvrier

construtor

l'ingénieur

engenheiro

le boucher

talhante

le plombier

canalizador

le facteur

carteiro

le soldat

soldado

l'architecte

arquiteto

le caissier

caixa

le fleuriste

florista

le coiffeur

cabeleireiro

le contrôleur

controlador de bilhetes

le mécanicien

mecânico

le capitaine

capitão

le dentiste

dentista

le scientifique

cientista

le rabbin

rabino

l'imam

imã

le moine

monge

le prêtre

pastor

les professions - profissões

55

les outils
ferramentas

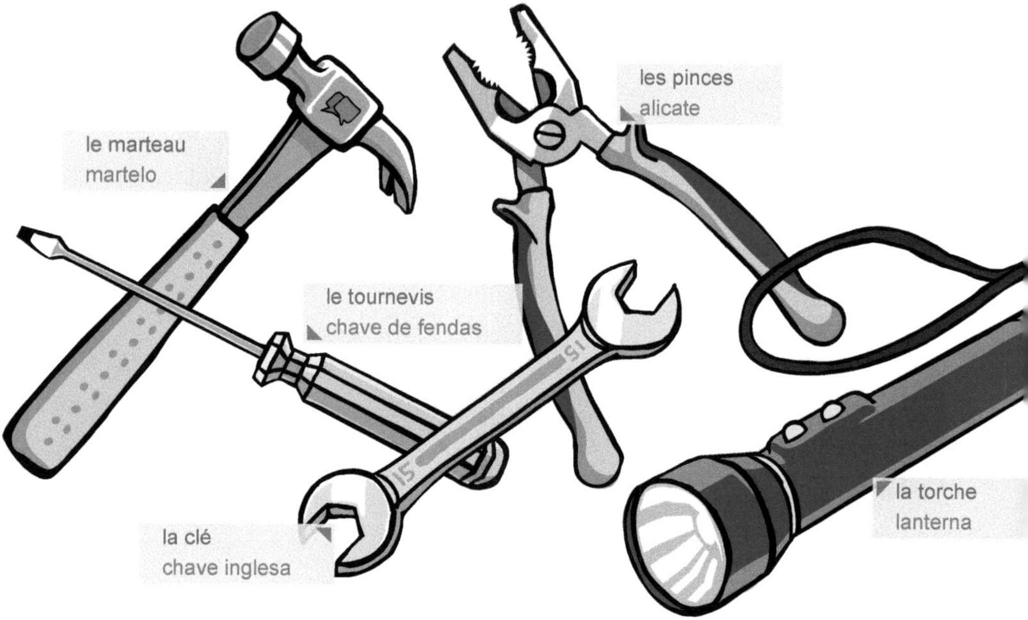
le marteau
martelo
les pinces
alicate
le tournevis
chave de fendas
la clé
chave inglesa
la torche
lanterna

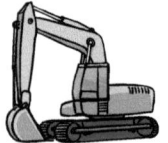

la pelleteuse

escavadora

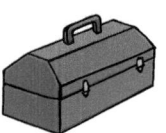

la boîte à outils

caixa de ferramentas

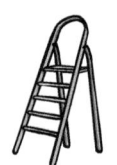

l'échelle

escadote

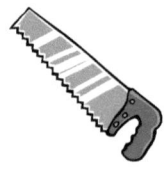

la scie

serra

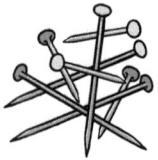

les clous

pregos

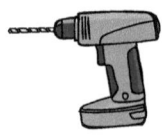

la perceuse

broca

réparer
....
reparar

la pelle
....
pá

Mince !
....
porcaria!

la pelle
....
pá de lixo

le pot de peinture
....
pote de tinta

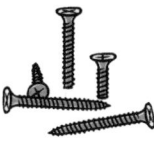

les vis
....
parafusos

les instruments de musique
instrumentos musicais

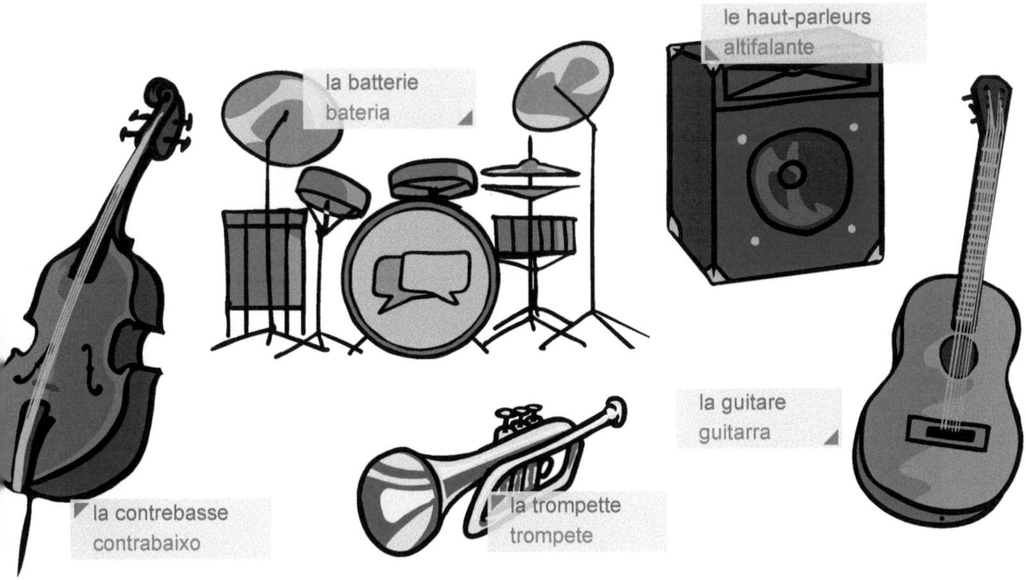

la batterie
bateria

le haut-parleurs
altifalante

la guitare
guitarra

la contrebasse
contrabaixo

la trompette
trompete

le piano

piano

le violon

violino

la basse

baixo

les timbales

timbales

le tambour

tambor

le piano électrique

teclado

le saxophone

saxofone

la flûte

flauta

le microphone

microfone

les instruments de musique - instrumentos musicais

le zoo
jardim zoológico

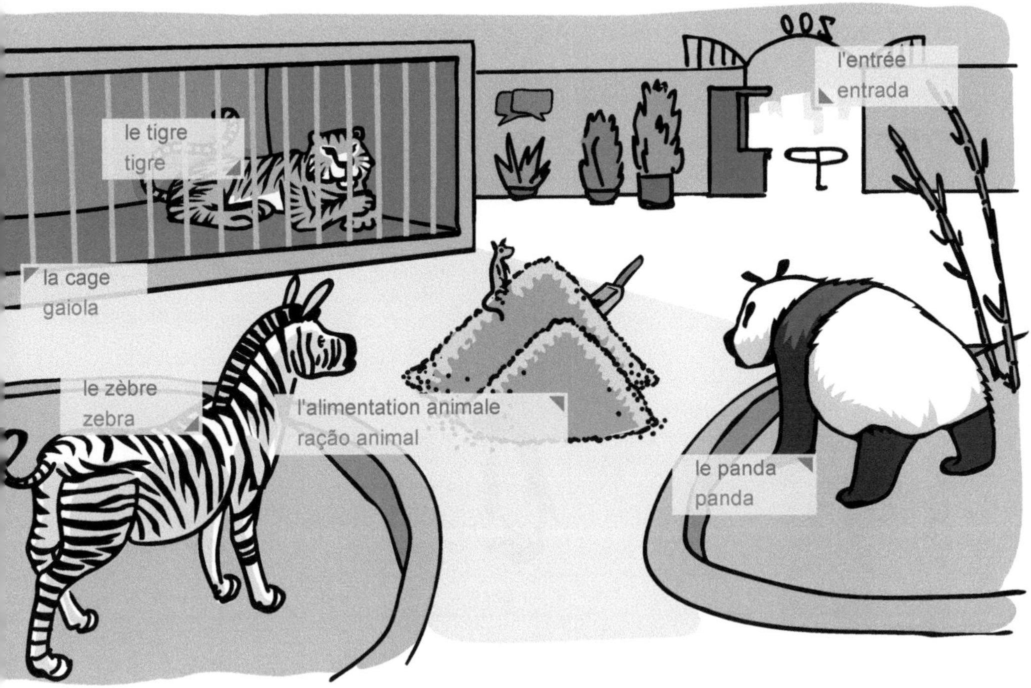
l'entrée
entrada
le tigre
tigre
la cage
gaiola
le zèbre
zebra
l'alimentation animale
ração animal
le panda
panda

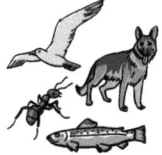

les animaux

animais

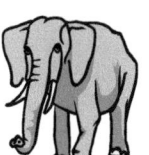

l'éléphant

elefante

le kangourou

canguru

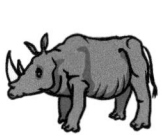

le rhinocéros

rinoceronte

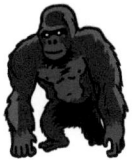

le gorille

gorila

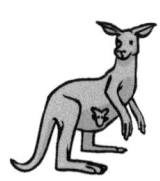

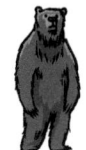

l'ours

urso

le chameau

camelo

l'autruche

avestruz

le lion

leão

le singe

macaco

le flamand rose

flamingo

le perroquet

papagaio

l'ours polaire

urso polar

le pingouin

pinguim

le requin

tubarão

le paon

pavão

le serpent

cobra

le crocodile

crocodilo

le gardien de zoo

guarda do jardim zoológico

le phoque

foca

le jaguar

jaguar

le poney

pónei

le léopard

leopardo

l'hippopotame

hipopótamo

la girafe

girafa

l'aigle

águia

le sanglier

javali

le poisson

peixe

la tortue

tartaruga

le morse

morsa

le renard

raposa

la gazelle

gazela

le zoo - jardim zoológico

l'american Football
futebol americano

le cyclisme
ciclismo

le tennis
ténis

le basket-ball
basquetebol

la natation
natação

la boxe
boxe

le hockey sur glace
hóquei no gelo

le football
futebol

le badminton
badminton

l'athlétisme
atletismo

le handball
andebol

le ski
esqui

le polo
polo

les activités
atividades

rire
rir
sauter
saltar
embrasser
abraçar
marcher
andar
chanter
cantar
rêver
sonhar
prier
rezar
faire la bise
beijar

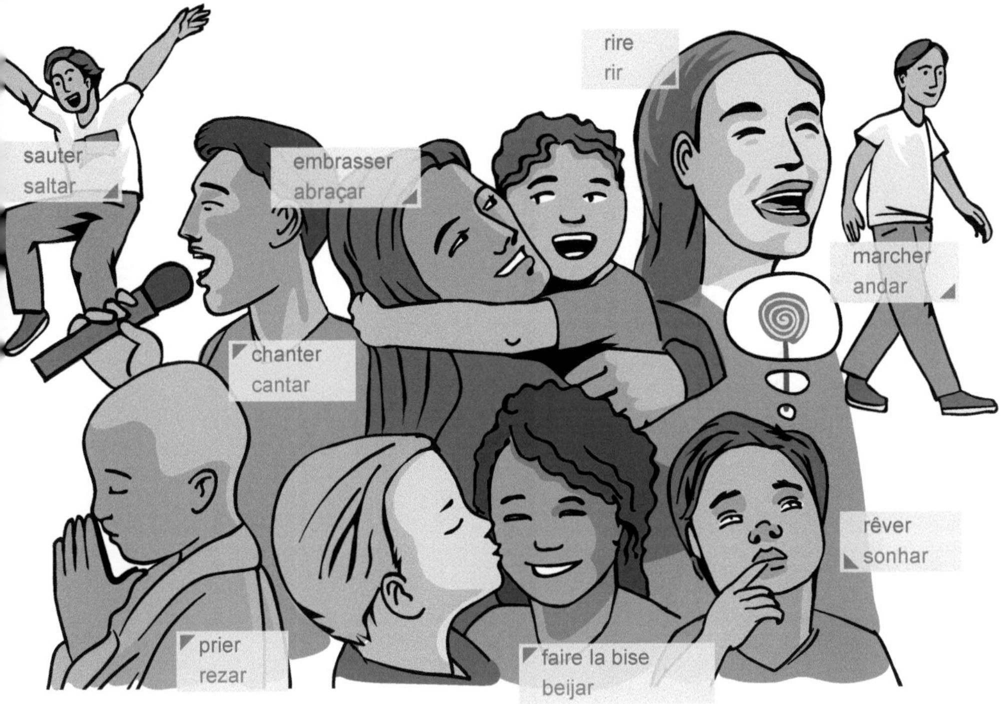

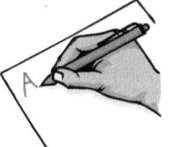

écrire

escrever

dessiner

desenhar

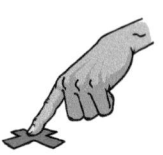

montrer

mostrar

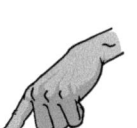

pousser

empurrar

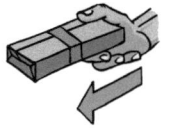

donner

dar

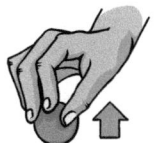

prendre

tomar

avoir

ter

faire

fazer

être

ser

être debout

ficar de pé

courir

correr

trier

puxar

jeter

remessar

tomber

cair

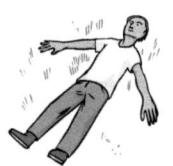

être couché

deitar

attendre

esperar

porter

carregar

être assis

sentar

s'habiller

vestir

dormir

dormir

se réveiller

acordar

regarder

olhar para

pleurer

chorar

caresser

acariciar

peigner

pentear

parler

falar

comprendre

compreender

demander

perguntar

écouter

ouvir

boire

beber

manger

comer

ranger

arrumar

aimer

amar

cuire

cozinhar

conduire

conduzir

voler

voar

faire de la voile

velejar

calculer

calcular

lire

ler

apprendre

aprender

travailler

trabalhar

se marier

casar

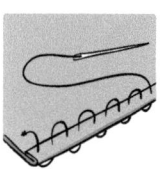

coudre

costurar

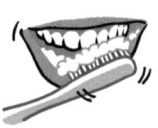

brosser les dents

escovar os dentes

tuer

matar

fumer

fumar

envoyer

enviar

rand-mère

le grand-père
avô

le père
pai

la mère
mãe

le bébé
bebé

la fille
filha

le fils
filho

l'hôte

convidado

la tante

tia

l'oncle

tio

le frère

irmão

la sœur

irmã

le corps

corpo

le front
testa
l'œil
olho
l'épaule
ombro
le doigt
dedo
le visage
cara
le menton
queixo
la main
mão
la jambe
perna
la poitrine
peito
le bras
braço

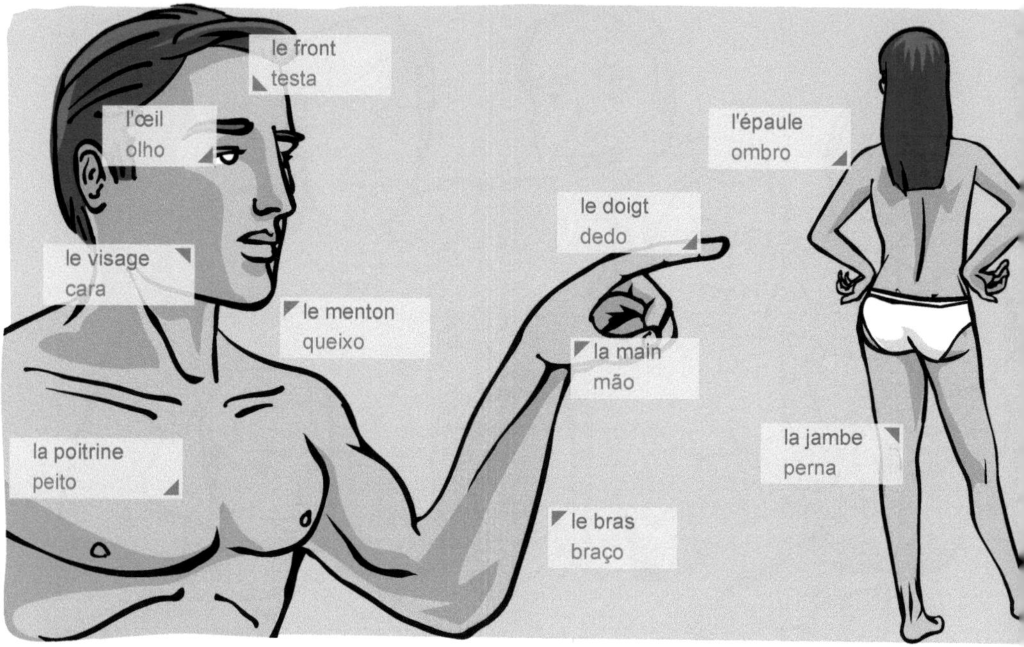

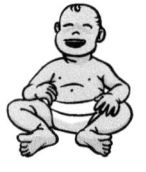

le bébé

bebé

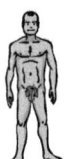

l'homme

homem

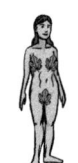

la femme

mulher

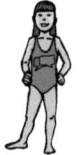

la fille

menina

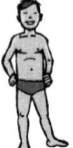

le garçon

menino

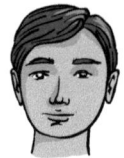

la tête

cabeça

le dos

costas

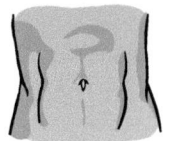

le ventre

barriga

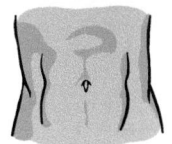

le nombril

umbigo

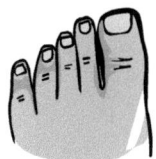

l'orteil

dedo do pé

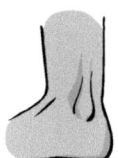

le talon

calcanhar

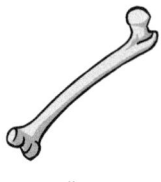

l'os

osso

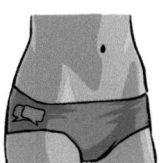

la hanche

anca

le genou

joelho

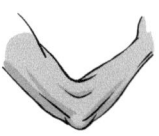

le coude

cotovelo

le nez

nariz

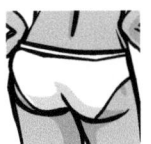

les fesses

nádegas

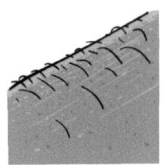

la peau

pele

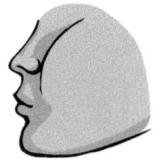

la joue

bochecha

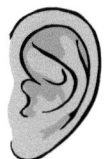

l'oreille

orelha

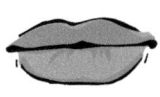

la lèvre

lábio

la bouche

boca

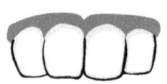

la dent

dente

la langue

língua

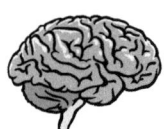

le cerveau

cérebro

le cœur

coração

le muscle

músculo

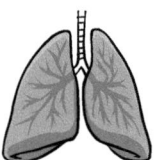

les poumons

pulmão

le foie

fígado

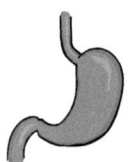

l'estomac

estômago

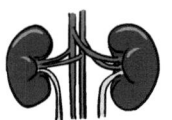

les reins

rins

le rapport sexuel

relações sexuais

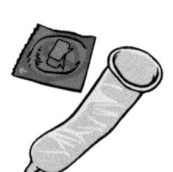

le préservatif

preservativo

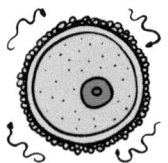

l'ovule

óvulo

le sperme

esperma

la grossesse

gravidez

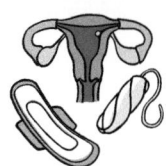

la menstruation

menstruação

le vagin

vagina

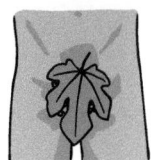

le pénis

pénis

le sourcil

sobrancelha

les cheveux

cabelo

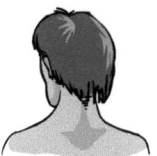

le cou

pescoço

l'hôpital
hospital

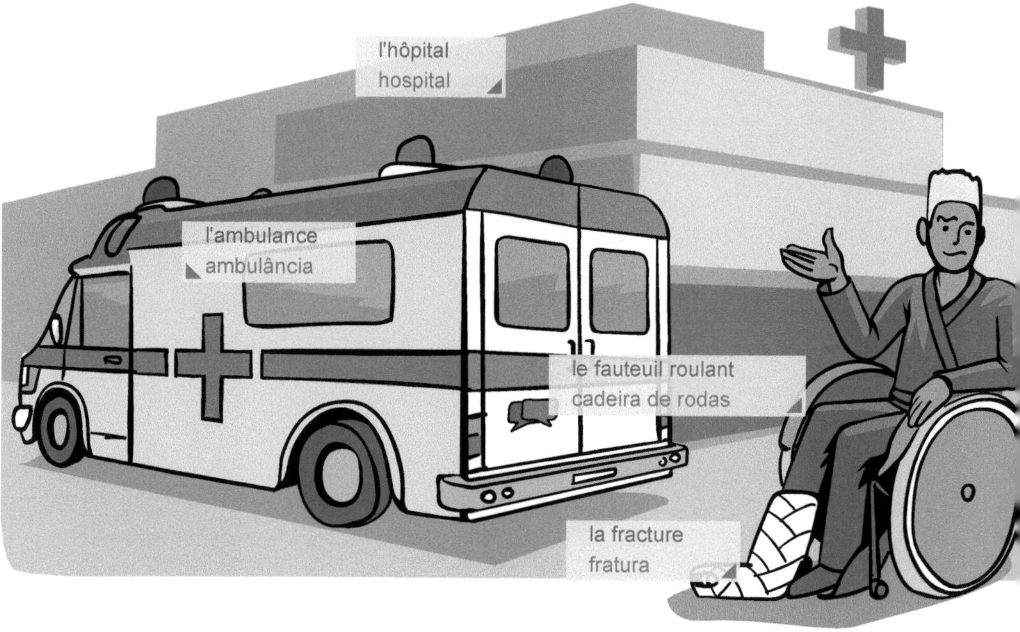

l'hôpital
hospital
l'ambulance
ambulância
le fauteuil roulant
cadeira de rodas
la fracture
fratura

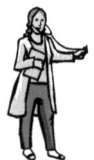

le médecin

médico

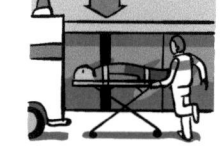

le service des urgences

serviço de urgências

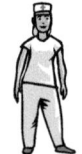

l'infirmière

enfermeira

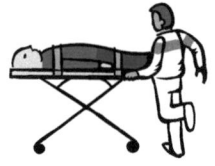

l'urgence

emergência

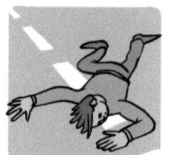

inconscient

inconsciente

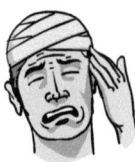

la douleur

dor

la blessure

ferimento

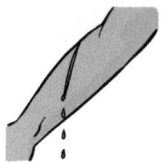

l'hémorragie

hemorragia

la crise cardiaque

ataque cardíaco

l'attaque cérébrale

dente vascular cerebral

l'allergie

alergia

la toux

tosse

la fièvre

febre

la grippe

gripe

la diarrhée

diarreia

le mal de tête

dor de cabeça

le cancer

cancro

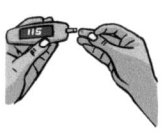

le diabète

diabetes

le chirurgien

cirurgião

le scalpel

bisturi

l'opération

operação

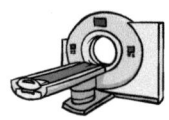

le CT

CT

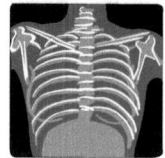

la radiographie

raio x

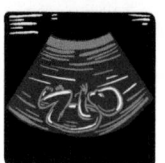

l'échographie

ultrassom

le masque

máscara

la maladie

doença

la salle d'attente

sala de espera

la béquille

muleta

le pansement

penso rápido

le pansement

ligadura

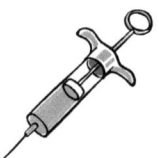

l'injection

injeção

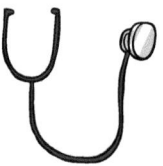

le stéthoscope

estetoscópio

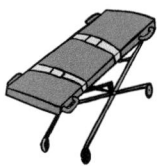

le brancard

maca

le thermomètre

termómetro

l'accouchement

nascimento

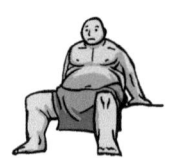

la surcharge pondérale

excesso de peso

l'appareil auditif

aparelho auditivo

le désinfectant

desinfetante

l'infection

infeção

le virus

vírus

le VIH / le sida

HIV / SIDA

le médicament

medicamento

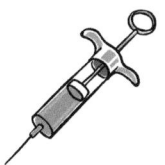

la vaccination

vacinação

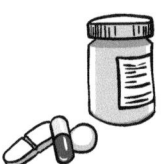

les comprimés

comprimidos

la pilule

pílula

l'appel d'urgence

amada de emergência

le tensiomètre

dispositivo de medição de
pressão arterial

malade / sain

doente / saudável

Au secours !

Socorro!

l'alarme

alarme

l'assaut

assalto

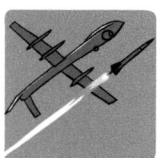

l'attaque

ataque

le danger

perigo

la sortie de secours

saída de emergência

Au feu!

Fogo!

l'extincteur

extintor de incêndios

l'accident

acidente

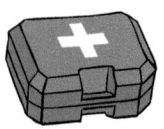

la trousse de premier
secours

estojo de primeiros socorros

SOS

SOS

la police

polícia

l'Europe

Europa

l'Amérique du Nord

América do Norte

l'Amérique du Sud

América do Sul

l'Afrique

África

l'Asie

Ásia

l'Australie

Austrália

l'Océan atlantique

Atlântico

l'Océan pacifique

Pacífico

l'Océan indien

Oceano Índico

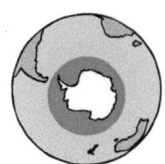

l'Océan antarctique

Oceano Antártico

l'Océan arctique

Oceano Ártico

le Pôle nord

Polo Norte

le Pôle sud

Polo Sul

l'Antarctique

Antártica

la terre

terra

le pays

país

la mer

mar

l'île

ilha

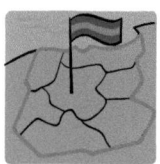

la nation

nação

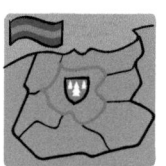

l'état

estado

le cadran

mostrador do relógio

l'aiguille des heures

ponteiro das horas

l'aiguille des minutes

ponteiro dos minutos

aiguille des secondes

onteiro dos segundos

Quelle heure est-il ?

Que horas são?

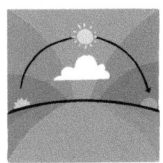

le jour

dia

le temps

tempo

maintenant

agora

la montre digitale

relógio digital

la minute

minuto

l'heure

hora

la semaine
semana

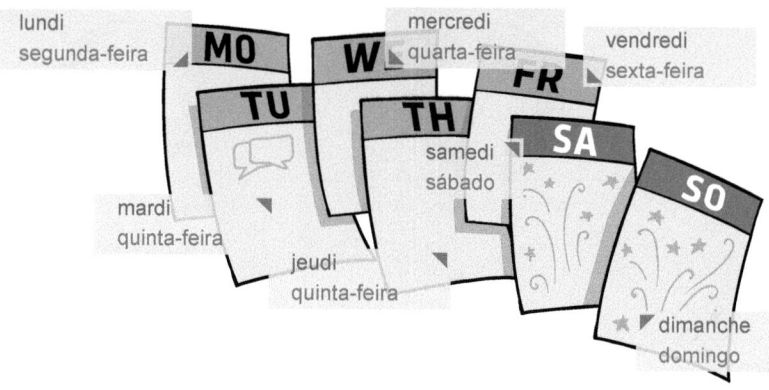

lundi
segunda-feira

mardi
quinta-feira

mercredi
quarta-feira

jeudi
quinta-feira

vendredi
sexta-feira

samedi
sábado

dimanche
domingo

hier

ontem

aujourd'hui

hoje

demain

amanhã

le matin

manhã

le midi

meio-dia

le soir

entardecer

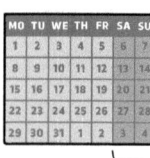

les jours ouvrables

dias úteis

le week-end

fim de semana

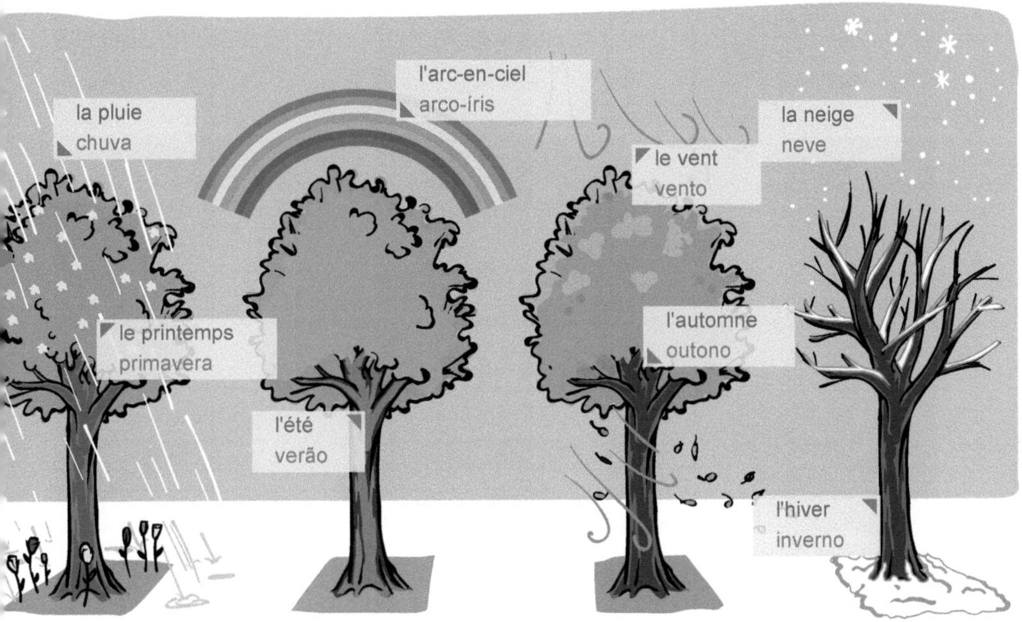

la pluie
chuva
l'arc-en-ciel
arco-íris
la neige
neve
le vent
vento
le printemps
primavera
l'automne
outono
l'été
verão
l'hiver
inverno

4.APRIL 11°
5.APRIL 4°
6.APRIL 13°
7.APRIL 8°
8.APRIL 10°

la météo

previsão do tempo

F
C
120
90
60
30
0
-30
40
30
20
10
0
-10
-20

le thermomètre

termómetro

la lumière du soleil

raios de sol

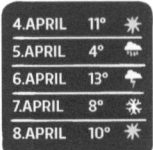

le nuage

nuvem

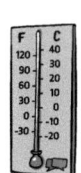

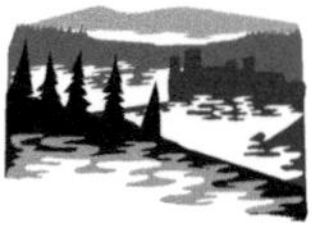

le brouillard

neblina / nevoeiro

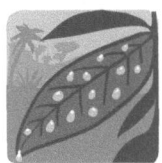

l'humidité

humidade do ar

la foudre

relâmpago

la tonnerre

trovão

la tempête

tempestade

la grêle

granizo

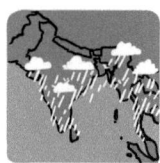

la mousson

monção

l'inondation

inundação

la glace

gelo

janvier

janeiro

février

fevereiro

mars

março

avril

abril

mai

maio

juin

junho

juillet

julho

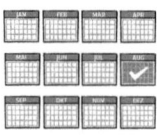

août

agosto

l'année - ano

septembre
....
setembro

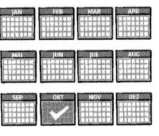

octobre
....
outubro

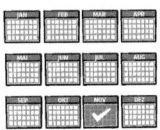

novembre
....
novembro

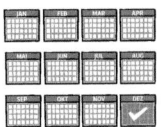

décembre
....
dezembro

les formes
formas

le cercle
....
círculo

le carré
....
quadrado

le rectangle
....
retângulo

le triangle
....
triângulo

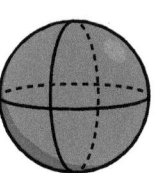

la sphère
....
esfera

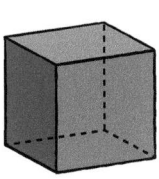

le cube
....
cubo

les couleurs

cores

blanc

branco

jaune

amarelo

orange

laranja

rose

rosa

rouge

vermelho

violet

lilás

bleu

azul

vert

verde

marron

castanho

gris

cinzento

noir

preto

beaucoup / peu

muito / pouco

fâché / calme

furioso / calmo

joli / laid

lindo / feio

le début / la fin

princípio / fim

grand / petit

grande / pequeno

clair / obscure

claro / escuro

frère / soeur

irmão / irmã

propre / sale

limpo / sujo

complet / incomplet

completo / incompleto

le jour / la nuit

dia / noite

mort / vivant

morto / vivo

large / étroit

largo / estreito

comestible / incomestible

comestível / não comestível

méchant / gentil

mau / gentil

excité / ennuyé

entusiasmado / entediado

gros / mince

gordo / magro

le premier / le dernier

primeiro / último

l'ami / l'ennemi

amigo / inimigo

plein / vide

cheio / vazio

dur / souple

duro / macio

lourd / léger

pesado / leve

faim / soif

fome / sede

malade / sain

doente / saudável

illégal / légal

ilegal / legal

intelligent / stupide

inteligente / burro

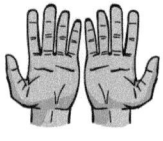

gauche / droite

esquerda / direita

proche / loin

perto / longe

nouveau / usé
novo / usado

rien / quelque chose
nada / algo

vieux / jeune
velho / jovem

marche / arrêt
ligado / desligado

ouvert / fermé
aberto / fechado

faible / fort
baixo / alto

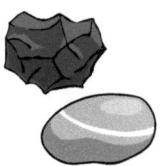

riche / pauvre
rico / pobre

correct / incorrect
certo / errado

rugueux / lisse
áspero / liso

triste / heureux
triste / feliz

court / long
curto / longo

lent / rapide
lento / rápido

mouillé / sec
molhado / seco

chaud / froid
ameno / fresco

la guerre / la paix
guerra / paz

0	1	2
zéro	un / une	deux
zero	um	dois

3	4	5
trois	quatre	cinq
três	quatro	cinco

6	7	8
six	sept	huit
seis	sete	oito

9	10	11
neuf	dix	onze
nove	dez	onze

12

douze
doze

13

treize
treze

14

quatorze
catorze

15

quinze
quinze

16

seize
dezasseis

17

dix-sept
dezassete

18

dix-huit
dezoito

19

dix-neuf
dezanove

20

vingt
vinte

100

cent
cem

1.000

mille
mil

1.000.000

le million
milhão

les nombres - números

l'anglais

inglês

l'anglais américain

inglês americano

le chinois mandarin

chinês mandarim

le hindi

hindi

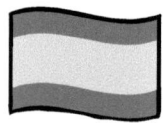

l'espagnol

espanhol

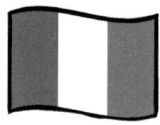

le français

francês

l'arabe

árabe

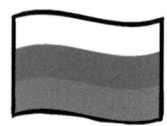

le russe

russo

le portugais

português

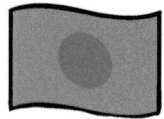

le bengali

bengalês

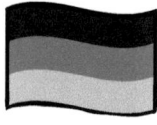

l'allemand

alemão

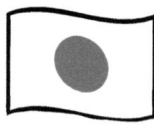

le japonais

japonês

je

eu

tu

tu

il / elle / ce, c', cela

ele / ela

nous

nós

vous

vós

ils / elles

eles / elas

Qui ?

quem?

Quoi ?

o quê?

Comment ?

como?

Où ?

onde?

Quand ?

quando?

le nom

nome

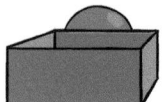

derrière

atrás

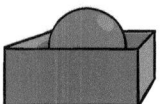

dans

em

devant

à frente de

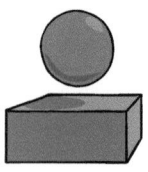

au-dessus

sobre

sur

em cima

en-dessous

debaixo

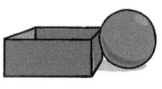

à côté de

ao lado

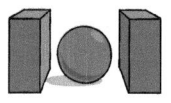

entre

entre

le lieu

lugar